EDICT DV ROY,

SVR LE REGLEMENT

General des Tailles, à la descharge de
ses Subjets, Portant injonction d'im-
poser ausdites Tailles tous ceux qui
se sont pretendus exempts par le passé,
conformément à la Declaration du
dix-huictiéme Ianuier dernier, mil six
cens trente-quatre.

Verifié en la Cour des Aydes le huictiéme
Auril mil six cens trente-quatre.

A PARIS,

Par ANTOINE ESTIENE, Imprimeur
& Libraire ordinaire du Roy,

PIERRE BLAISE & PIERRE ROCOLET.

M. DC. XXXIV.

Auec Priuilege de sa Majesté.

NOLI ALTVM SAPERE

LOVIS par la grace de Dieu Roy de France & de Nauarre, A tous presens & à venir, Salut. ENCORES que nous soyons necessitez d'armer puissamment, pour preuenir les mauuais desseins de ceux qui voudroient affoiblir nostre authorité, & par ainsi obligez à de grandes despenses, qui pourroient retarder l'effect du desir que nous auons de descharger nos Subjets des leuées que la mesme necessité nous a obligez de continuer; Nous leur faisons neãtmoins dés à present ressentir cette grace, En leur remettant vn quartier du principal de la Taille, & de la Creuë extrordinaire dés Garnisons de la presente année mil six cens trente-quatre, Quoy que les surcharges qu'ils ont souffertes, ne procedent pas des impositions qui se leuent pour nous, ny à nostre profit, estans de beaucoup moindres que celles qui se fai-

ſoient du regne du feu Roy noſtre tres-
honoré Seigneur & Pere, meſmes és années mil ſix cens neuf & mil ſix cens dix,
à cauſe des deſcharges que nous auons accordées à noſdits Subjets contribuables
és années mil ſix cens vingt-ſept, & mil ſix
cens vingt-huiɛt. Et s'il y a quelque aug-
mentation, elle n'eſt cauſée, que des leuées qui ſe font au profit des particuliers
Acquereurs des droiɛts alienez ſur nos
Tailles, dont nous voudrions bien auſſi
ſoulager noſdits Subjets, ſi la foy publi-
que & la conſideration deſdits Proprie-
taires, qui nous ont aſſiſté aux occaſions,
ne nous en oſtoit le moyen. Nous auons
toutefois ſi vtilement pourueu aux abus
qui ſe commettoient à la leuée deſdits
droiɛts, par nos Lettres de Declaration
du mois de Decembre dernier, que nous
eſperons que nos Subjets contribuables,
en receuront annuellement plus de ſix
millions de liures de deſcharge. Et pour y
apporter cét ordre, nous auons refuſé les
ſupplémens qui nous ont eſté ſi ſouuent
& ſi inſtamment offerts par les Proprie-
taires deſdits droiɛts, pour leur en laiſſer
la iouiſſance, ainſi & en la meſme forme

qu'ils faifoient cy-deuant. Par l'execution duquel Reglement, & de celuy que
nous auons fait expedier pour reftablir
l'ancienne difcipline militaire parmy nos
Gens de guerre, & pour les obliger de
payer leur defpenfe aux lieux des affem-
blées, fejour & paffages, au moyen du
payement que nous leur ferons faire par
aduance des deniers de noftre Efpargne,
de leur folde, entretenement & fur-taux,
Nous auons fujet de croire, que nos Subjets receuront vn grand foulagement:
Mais encore beaucoup plus de la reuo-
cation de tant de priuileges que fe font ar-
rogez aucuns de nos Officiers par l'authorité de leurs charges, & des exemptions dont iouïffent les plus riches &
plus puiffans des Paroiffes, qui ont acquis
des droicts, fous pretexte de certains Offices imaginaires, fondez fur des claufes
gliffées dans nos Edicts, Declarations &
Arrefts, Quoy que d'ailleurs le reuenu de
leurs acquifitions monte à des fommes
immenfes, outre & par deffus le pied des
alienations qui leur en ont efté faites. A
quoy nous voulons pouruoir par le prefent Reglement, dont l'execution doit

eftre auffi prompte & inuiolable, qu'elle
eft neceffaire, Et auons pour cét effect
commis & deputé de nos principaux Officiers, pour fe tranfporter dans nos Elections & dans les Parroiffes, pour impofer
& faire comprendre és rolles des Tailles
lefdits exempts & priuilegiez, au foulagement des pauures, afin que chacun portant fa iufte part & portion, felon fes facultez & moyens, il n'y ait plus d'inéga-
lité en l'affiete defdites Tailles, Que nous
fçauons n'eftre pas exceffiues, pour la
grandeur & puiffance de cette Monar-
chie, pourueu qu'elles foient également
departies. A CES CAVSES, De l'Aduis des Princes de noftre Sang, Officiers
de noftre Couronne, & principaux de
noftre Confeil, & de noftre propre mou-
uement, grace fpeciale, pleine puiffance
& authorité Royale, Nous auons quitté,
remis & defchargé, quittons, remettons
& déchargeons nos Subjets, de tout ce
qu'ils deuront du principal de nos Tailles,
& de la Creuë extrordinaire de nos Gar-
nifons, du quartier d'Auril, May & Iuin
de la prefente année mil fix cens trente-
-quatre. VOVLONS & nous plaift qu'ils

ioüïssent effectiuement de noftre prefente grace, remife & defcharge, fuiuant le
regalement qui en fera fait par nos amez
& feaux Confeillers, les Prefidens & Treforiers Generaux de France de chacune
Generalité, en execution de l'eftat de di-
ftribution, & de nos Lettres Patentes, qui
leur feront pour cét effet adreffées. Et
pour donner plus de moyen & facilité
aux contribuables à nos Tailles, de payer
les trois autres quartiers de nofdites Tailles, & Creuë extrordinaire de ladite prefente année, Dont nous defirerions bien
les defcharger, fi les deniers qui en doiuent prouenir n'eftoient affectez tant au
payement des gages d'Officiers, & autres
charges ordinaires de nos receptes gene-
rales & particulieres, que de celles de noftre Efpargne, neceffaires pour la fubfi-
ftance de cét Eftat; Nous auons encores
par noftredit prefent Edict perpetuel &
irreuocable, dit, ftatué & ordôné, difons,
ftatuons & ordonnons ce qui enfuit:

PREMIEREMENT.

Que nonobftant tous les ennobliffe-
mens accordez depuis vingt ans en çà
(moyennant finance ou autrement) & les

vſurpations des priuileges de nobleſſe, tous ceux qui ſont nez, & ſe trouueront de condition roturiere, ſeront mis & impoſez à la Taille ſelon leurs moyens & facultez: Excepté les douze ennoblis par noſtre Edict du mois de May 1628. en faueur des aſſociez en la Compagnie de la nouuelle France. Et pour les Villes, Bourgs & Villages qui pour quelque cauſe & raiſon que ce ſoit, ont obtenu exemptions, décharges & abonnemens, ils continuëront à en iouïr durant la preſente année, pendant laquelle, rapportans les Lettres qu'ils en ont obtenuës, leur ſera pourueu ſur la continuation, ſelon qu'il ſera iugé raiſonnable en noſtre Conſeil. N'entendons toutefois y comprédre nos Villes de Paris, Roüen, le Haure, Dieppe & Quillebeuf, & les Villes qui payent la ſubuention, Meſmes celle de Chaſteauroux, abonnee en conſequence des articles ſecrets du Traitté de Loudun, qui paye ſa part & portion de ce qui s'impoſe pour la ſubuention des Villes franches de la Generalité de Bourges, leſquelles en iouïront comme cy-deuant elles ont bien & deuëment fait.

II. Defen-

I I.

Defendons à tous nos Subjets d'vſur-
per le tiltre de Nobleſſe, prendre la qualité d'Eſcuyer, & de porter armoiries tim-
brées, à peine de deux mil liures d'amende, s'ils ne ſont de maiſon & extraction
noble. Enioignons à nos Procureurs
Generaux & leurs Subſtituts, de faire
toutes pourſuites neceſſaires contre les
vſurpateurs deſdits tiltres & qualitez.

I I I.

Seront taxez & impoſez aux Tailles, tous
ceux leſquels n'eſtans nobles de race, vſur-
pent ledit tiltre, ſous pretexte de quelques
Sentences & Iugemens par eux ou leurs
predeceſſeurs obtenus, ſi elles ne ſont cõ-
firmées par Arreſts contradictoirement
dõnez, auec parties valables & intereſſées.

I V.

Et pour l'aduenir, Nous ordonnõs qu'il
ne ſera expedié aucunes Lettres d'enno-
bliſſement, ſinon pour de grandes & im-
portantes conſiderations : leſquelles ſeront regiſtrées en nos Cours des Aydes,
nos Procureurs Generaux en icelles ouïs,
Et les Habitans & Procureurs Syndics
de la Parroiſſe où ils feront leur reſiden-

ce, appellez & indemnisez.

V.

Les Bastards, quoy qu'ils soient yssus de peres nobles, ne se pourront attribuer le tiltre & qualité de Gentils-hommes, s'ils n'obtiennēt nos Lettres d'ennoblissemēt, aussi fondées sur quelques grandes considerations de leurs merites, verifiées en nos Cours des Aydes, nosdits Procureurs Generaux ouys, & les Habitans & Procureur Syndic de la Parroisse de leur demeure, appellez & indemnisez: autrement seront lesdits Bastards, leurs vefues & enfans imposez aux Tailles.

V I.

Les Maires, Consuls, Escheuins & Conseillers des Villes, ayans priuileges de noblesse par anciennes concessions, qui serōt eleus à l'aduenir, ne pourront iouïr de l'exemption que pendant le temps de l'exercice de leurs charges seulement, Sans que leurs enfans puissent iouïr d'aucuns priuileges de noblesse: Et quant à ceux qui ont cy-deuant exercé lesdites charges, & les exercent à present, iouïront desdits priuileges de noblesse, ne faisans acte derogeant.

VII.

Les descendans des Freres de la Pucelle d'Orleans, inserez au corps de la Noblesse, & viuans à present noblemēt, iouirōt des priuileges de Noblesse, & leur posterité, de masle en masle, viuāt noblemēt. Mais ceux qui n'ont vescu & ne viuent à present noblement, ne iouyront plus à l'aduenir d'aucuns priuileges. Comme aussi les filles & femmes descendans des freres de ladite Pucelle d'Orleans, n'en-nobliront plus leurs maris à l'aduenir.

VIII.

Tous Officiers de quelque qualité & condition qu'ils soient, residens és villes, bourgs & Patroisses contribuables à nos Tailles, y seront mis & imposez selon leurs moyens & facultez, Excepté nos Conseillers, Notaires & Secretaires, Les quatre Chauffecires, & Seelleurs hereditaires de France, & autres Officiers de nos Chancelleries, Les cinq Huissiers ordinaires de nos Conseils d'Estat & Priué, Les Officiers ordinaires & commençaux de nostre maison, De celle de la Royne nostre tres-chere & tres-amée Espouse, Et de nostre tres-cher Cousin le Prince

de Condé, Et les Archers de la Porte
actuellement seruans par quartier, Qui
seront employez és estats que nous en
ferős expedier & addresser à nostre Cour
des Aydes de Paris, Lesquels iouïront de
l'exemption, Sans que le nombre qui sera
employé esdits estats, puisse estre à l'aduenir augmenté pour quelque cause &
occasion que ce soit, Ny que l'on ayt do-
resnauant aucun égard à tous nos estats
precedens enuoyez en nostredite Cour
des Aydes, que nous auons dés à present
reuoquez : Et neantmoins les Officiers
employez en iceux, continuëront à iouïr
du priuilege de Committimus. N'entendons que les Maistres d'Hostel, Escuyers
& Gentils-hommes seruans de nostre
Maison, qui ne sont nobles d'extraction,
puissent iouïr de ladite exemption.

I X.

Les Officiers de l'Escurie, Venerie,
Fauconnerie, Louueterie, Artillerie, Ad-
mirauté & Marine de Leuant & Ponant,
aussi employez és estats que nous en ferons expedier, & enuoyer en nostredite
Cour des Aydes, dont le nombre sera
par nous reglé & limité, iouïront pareil-

lement de l'exemption, Excepté les Archers des Toiles & Chaſſes, leſquels ne feront exempts que iuſques à la ſomme de dix liures de toutes Tailles, ſuiuant les precedens Reglemens, encores qu'ils ſoient couchez és eſtats de noſtre Venerie : Et pour ceux qui ne feront employez eſdits eſtats, ils feront compris à nos Tailles.   X.

Leſdits Officiers ne iouïront de l'exemption des Tailles, s'ils ne font employez eſdits eſtats, aux gages de ſoixante liures du moins par an, & à la charge de ne faire aucun trafic de marchandiſe, ny tenir fermes d'autruy, Excepté ceux des ſept Offices de noſtre Maiſon, qui iouïront de ladite exemption, encores qu'ils ayent moindres gages que leſdites ſoixante liures. Et pourront ceux d'entr'eux, qui n'ont dignité annexée à leurs Offices, faire trafic de marchandiſe, pourueu qu'ils ne tiennent Fermes d'autruy, conformément aux Ordonnances & Arreſts de nos Cours des Aydes.

XI.

Les Officiers des quatre Compagnies des Gardes de noſtre Corps, Françoiſes

& Efcoſſoiſes, dont nous auons reglé &
limité le nombre à quatre cens cinquan-
te, Sçauoir cent quatorze pour chacune
des trois Françoiſes, & cent huiȼt pour
l'Efcoſſoiſe, iouïront de l'exemption,
Pourueu qu'ils ne facent trafic de marchandiſe, & ne tiennent Fermes d'autruy,
en feruans actuellement & non autrement. En iouïront pareillement les cent
Suiſſes de noſtre Garde. Et pour cét effet il fera dreſſé & enuoyé en noſtre Cour
des Aydes, vn eſtat defdits Officiers. Et
quant à ceux qui ne feront couchez &
employez fur iceluy, ils feront impoſez
comme les autres contribuables.

XII.

Les pourueus des charges des deux
cens Gentils-hommes de noſtre Maiſon,
qui ne feront nobles d'extraction, feront
cottiſez aux Tailles, nonobſtant la modi-
ficatiõ portée par l'Arreſt de noſtre Cour
des Aydes de Paris, interuenu fur l'enre-
giſtrement de nos Lettres de Declaration
du mois de   1628. laquelle nous
auons leuée & oſtée, Voulans que noſtre-
dite Declaration forte fon plein & entier
effet.

XIII.

Ne iouiront d'aucune exemption les Officiers des feux Ducs d'Alençon, Roine Marguerite, Duchesse de Bar, Duchesse d'Angoulesme, des Roines d'Espagne, d'Angleterre, & Duchesse de Sauoye, Ny les Salpestriers, Verriers, Maistres des Mines & Forges, Ouuriers en soye, Officiers des Monnoyes ouuertes & non ouuertes, Les morte-payes des Forteresses, Places & Chasteaux, Ne en semblable les descendás de Eude le Maire, dit Chaslot sainct Mas, dont l'exemption a esté reuoquée par Edict du mois de Ianuier, mil cinq cens quatre-vingts dix-huict.

XIV.

Tous Officiers de Iudicature ou de Fináce, ne iouiront aussi à l'aduenir d'aucune exemption, Excepté les Presidens, Conseillers, nos Aduocats & Procureurs generaux des Cours souueraines: Tresoriers de France, nos Aduocats & Procureurs des Bureaux: Receueurs & Controlleurs Generaux des Finances: Receueurs & Controlleurs Generaux du Taillon: Receueurs & Controlleurs Generaux des Bois: Tresoriers & Controlleurs des Turcies & leuées : Presidens , Lieutenans, Eleus, Controlleurs, nos Aduocats, Procureurs & Commissaires Examinateurs des Elections , desquels nos Subjets taillables sont iusticiables. Iouiront aussi de ladite exemption, les Receueurs des Tailles: les Controlleurs des Receueurs Collecteurs des droicts alienez sur les Tailles, qui doiuent assister aux departemens : les Receueurs Collecteurs des droicts alienez sur le Sel : Tresoriers & Controlleurs des Ponts & Chaussées , & Presidens aux Greniers à Sel. Et quant aux autres Officiers desdits Bureaux , Receueurs & Controlleurs des Decimes , Tresoriers Prouinciaux de l'extrordinaire des Guerres, Tresoriers des Regimens & Compagnies, Payeurs de la Gendarmerie, & Controlleurs ordinaires & Prouinciaux des guerres, Receueurs particuliers des Aydes & Taillon , Receueurs des consignations des Iustices ordinaires & Elections, Receueurs Collecteurs des droicts alienez sur les Tailles, Greffiers des Elections, Maistres Clercs , Controlleurs des Actes & Expeditions desdits Greffes, Huissiers, Intendans , Receueurs & Controlleurs

des

des deniers communs des Villes, Eleus
particuliers & autres Officiers des Elections particulieres, Controlleurs au regalement des Tailles , Commiſſaires &
Greffiers des Tailles, Controlleurs deſdits
Commiſſaires , & autres Officiers , tant
des Iuſtices ordinaires que de finance , Seront impoſez à nos Tailles ſelon leurs facultez , Nonobſtant toutes les exemptions attribuées par nos Edicts à aucuns
deſdits Officiers , Que nous auons reuoquées , Enſemble les fonctions deſdits
Controlleurs au regalement , Commiſſaires & Greffiers des Tailles & Controlleurs deſdits Commiſſaires , Leſquels ſeront tenus ſe contenter de leurs droicts.

X V.

Les Commis des Fermiers generaux de
nos Aydes, Gabelles & autres Fernies reſidens aux Parroiſſes taillables,& ayans feu
& lieu, ſeront impoſez aux Tailles de la
Parroiſſe de leur demeure : Et neantmoins ne pourront eſtre contraints d'ac-
cepter la charge d'Aſſeeur Collecteur des
Tailles, dont nous les exemptons , tant
& ſi longuement qu'ils exerceront leur
Commiſſion.   C

XVI.

Ceux des compagnies de Gens-d'armes & cheuaux legers, ne iouïront d'aucune exemption, excepté nos deux compagnies de Gendarmes & cheuaux legers, compo- fées de deux cens hommes chacune.

XVII.

Ne fera dorefnauant expedié aucunes Lettres de Veteran, qu'à ceux qui doiuent iouïr de l'exemption , & qui font de la qualité requife : Lefquels auront feruy vingt-cinq ans, en iuftifiant leurs feruices par les extraits des comptes rendus en noz Chambres des Comptes, du payement qui leur aura efté fait de leurs gages, foldes & appointemẽs pendãt ledit temps de vingt- cinq ans. Et pour le paffé, ceux qui ont obtenu Lettres de Veteran, ferõt tenus les reprefenter par deuant les Commiffaires qui feront par nous pour cét effet deputez, Et iuftifier par femblables extraicts de leur feruice , pendãt lefdits vingt-cinq ans. Au- trement & à faute de ce faire, feront im- pofez aux Tailles, Sans auoir égard aufdi- tes Lettres, & Arrefts de regiftrement d'i- celles. XVIII.

Les Commiffaires des Guerres iouïront de l'exemption , encores qu'aucuns d'eux ne fuſſent Gentils-hommes, à cauſe du ſeruice actuel qu'ils ſont obligez de nous rendre en nos armées.

XIX.

Les Lieutenans , Exempts & Archers de la Preuoſté de noſtre Hoſtel , les Pre-uoſts des Mareſchaux ou leurs Lieute-nans de Robe-courte d'ancien eſtabliſſe-ment, iouïront de l'exemption , Enſemble les Cheualiers du Guet, leurs Lieutenans, Exempts & Archers , conformément à l'Edict de leur creation du mois de May mil ſix cens trente-trois. Et pour les Lieu-tenans de Robe-courte deſdits Preuoſts eſtablis depuis vingt-cinq ans en çà en de petites Villes & Bailliages , deſquelles Charges ils ſe ſont fait pouruoir pluſtoſt pour acquerir l'exemption des Tailles,que pour ſeruir au public , Ne iouïront à l'ad-uenir d'aucune exemption , Ny meſme les Exempts deſdits Preuoſts , leurs Archers, Les Archers de la Conneſtablie, Aſſeſ-ſeurs , nos Procureurs , Commiſſaires, Controlleurs à faire les monſtres, Payeurs & Greffiers , nonobſtant toutes Declara-tions & Arreſts à ce contraires.

X X.

Les Cheuaucheurs d'Efcurie, mefmes ceux du nombre des fix vingts Maiftres des Poftes, Concierges de nos maifons, Portiers, Iardiniers, Maiftres des Eaux & Forefts, Capitaines des Chaffes, Verdiers, Gruyers, leurs Lieutenants, Gardes de nos Forefts, Chaffes, Varennes & Plaifirs, & tous autres Officiers defdites Chaffes & des maifons Royales, ne iouyront à l'aduenir d'aucune exemption, Excepté les Concierges, Gardes-meubles, Portiers & Iardiniers de nos maifons de S. Germain en Laye, Fontaine-bleau, Monceaux, Chantilly, Verfailles, Chafteau-Thierry & Blois, eftans à nos gages & feruás actuellement ; Excepté auffi les Capitaines, Lieutenants & Gardes de nos Chaffes, Varennes, Plaifirs, Forefts & Buiffons de Fontaine-bleau, S. Germain en Laye, Meaux, Monceaux, Chantilly, Chafteau-Thierry, Villiers-cottrez, Amboife, Blois, Bois de Boulongne, Varennes du Louure, Bondy & Liury, Senart, Monfort-Lamory, Lonjumeau, Sequiny, Chinon, Hallatte, Carnelle, & Compiegne, dont nous auons reglé le nombre, y com-

pris lefdits Capitaines & Lieutenants,
Sçauoir, pour Fôtaine-bleau, à trête : pour
S. Germain en Laye, à trente-quatre: pour
Meaux, à douze: pour Monceaux, à cinq:
pour Chantilly, à feize : pour Chafteau-
Thierry, à cinq : pour Villiers-cottrez, à
quinze: pour Amboife, à dix: pour Blois, à
dix: pour le Bois de Boulongne, à quinze:
pour la Varenne du Louure, à feize : pour
Bondy & Liury, à huiĉt : pour Senart, à
cinq: pour Monfort-Lamory, à quatorze:
pour Lonjumeau, à huiĉt : pour Sequiny,
à huiĉt : pour Chinon, à dix: pour Hallatte, à feize : pour Carnelle, à huiĉt ; &
pour Compiegne, à quinze : Suiuant les
eftats qui en feront par nous arreftez &
enuoyez en noftre Cour des Aydes à Paris. Sans que l'on ait cy-apres égard aux
eftats precedens enuoyez en noftredite
Cour, que nous auons reuoquez. Et feront les Gardes defdites Varennes &
Chaffes, qui doiuent iouïr de l'exemption
entiere, employez par chapitres feparez
efdits eftats, d'auec ceux des Forefts, lefquels iouïront de ladite exemption iufques à cent fols feulement, qui leur feront
déduits fur toutes Tailles, conformément

au Reglement de l'année mil six cens. Et quant à nos Procureurs & Greffiers desdites Chasses, ils seront taxez à nos Tailles, comme les autres contribuables.

XXI.

Les vefues des Presidens, Conseillers, nos Aduocats & Procureurs Generaux des Cours Souueraines, de nos Conseillers & Secretaires, & quatre Chauffecires & Seelleurs hereditaires de France, de nos Officiers commençaux, de la Royne nostre Espouse, & de nostre tres-cher Cousin le Prince de Condé, & ceux de la maison du defunct Roy nostre tres-honoré Seigneur & Pere, qui sont decedez & decederont cy - apres exerçans leurs charges, sans en auoir retiré recompense, iouïront de l'exemption pendant leur viduité. Et pour le regard des vefues des autres Officiers, qui doiuent iouïr de l'exemption par le present Reglement, n'en iouïront à l'aduenir, Excepté celles dont leurs maris sont à present decedez, lesquelles côtinuëront à en iouïr, comme elles ont fait depuis leur deceds, tant qu'elles se contiendront en viduité.   XXII.

Le nombre des Priuilegiez demeurans

és Villes , Bourgs & Paroiſſes taillables, ſera reduit au nombre de huiẛt priuile-giez de toutes qualitez, pour celles taxées à neuf cens liures du principal de la Tail-le & au deſſus , Et à quatre, pour les autres Paroiſſes taxées au deſſous. Et quant aux Officiers nouuellement venus , & habi-tuez eſdites Paroiſſes , ne iouïront d'au-cune exemption, iuſques à ce qu'ils ſoient reduits au nombre ſuſdit : Et ſans qu'il puiſſe y auoir eſdites Paroiſſes , plus de deux perſonnes priuilegiées poſſedãs meſ-me tiltre d'Office. N'entendans toutefois comprendre au preſent article , les Villes où les Compagnies Souueraines , Bu-reaux de nos Finances & Elections en chef ſont eſtablies.

XXIII.

Les Capitaines, Lieutenans, Enſeignes, Archers , Harquebuziers, Arbaleſtriers, tant de noſtre ville de Paris , qu'autres vil-les , meſmes ceux qui abbatent l'oiſeau auec l'harquebuze , arc ou arbaleſtre , ne iouïront pareillement d'aucunes exem-ptions , ſoit de nos Tailles ou Aydes, reuoquant tous priuileges & conceſſions qui leur en ont eſté accordez.

XXIV.

Les Officiers des Vniuerſitez eſtablies en pluſieurs Villes de ce Royaume, à la reſerue des Docteurs Regens deſdites Vniuerſitez, ne iouïront d'aucune exemption. En quoy n'entendons comprendre, l'Vniuerſité de noſtre bonne Ville de Paris, dont les Officiers, Docteurs, Regens, Procureurs & Suppoſts, Principaux & Recteurs iouïront de l'exemption, comme ils ont cy-deuant bien & deuëment iouy, pourueu qu'ils ſoient reſidens actuellement en noſtre Ville de Paris.

XXV.

Les Bedeaux, Huiſſiers, Appariteurs de noſtre Dame de Paris, Bois de Vincennes & du Viuier en Brie, & de toutes autres Egliſes & Communautez de fondation Royale, ſeront impoſez aux Tailles, & payeront les Aydes, nonobſtant les priuileges deſdites fondations.

XXVI.

Les Officiers qui doiuent reſidence à cauſe de leurs charges, ne iouïront d'aucune exemption, s'ils ne demeurent dans la Ville, ou au dedans du reſſort où leur Bureau eſt eſtably: Et s'ils demeurent hors

du

du reſſort dudit Bureau en Parroiſſes taillables, ils feront taxez aux Tailles, nonobſtant leur exemption.

XXVII.

Les Officiers des Sieges Preſidiaux, Sieges Royaux, Elections & Greniers à Sel, ne pourront eſtre pourueus de char-ges & offices de noſtre Maiſon & des Maiſons des Roynes & Princes, Les declarans dés à preſent incompatibles auec leurs offices.

XXVIII.

Les Officiers employez és eſtats qui feront enuoyez en noſtre Cour des Aydes à Paris, feront tenus en retirer extraict, & le faire ſignifier aux habitans de la Parroiſſe de leur demeure, & au Subſtitut de noſtre Procureur General, pour vne fois auparauant le premier iour d'Octobre precedent l'aſſiete, Et declarer le quartier qu'ils doiuent feruir, Autrement ne iouïront d'aucune exemptió l'année fuiuante. Seront auſſi tenus de leuer pareil extraict, & le faire ſignifier autãt de fois que les nouueaux eſtats auront eſté enuoyez & receus par ladite Cour, dans deux mois apres l'Arreſt de reception

defdits eftats. Et à faute de ce faire, ils
feront impofez aux Tailles.

XXIX.

Dautãt qu'aucuns defdits Officiers re-
fignent leurs Offices à autres perfonnes,
les refignataires defquels fe font employer efdits eftats au lieu de leurs refignans: Ce que les habitans des Parroiffes
ignorans, ne delaiffent de les faire iouïr
de l exemptiõ des Tailles, ainfi qu'ils faifoient auparauant qu'ils euffent difpofé
defdits Offices , & par ce moyen deux
perfonnes iouïffent des priuileges pour
vn mefme Office ; Nous voulons que
chacun defdits Officiers foit tenu pour la
premiere fois, retirer extrait de l'eftat qui
fera enuoyé en nôtredite Cour des Aydes
à Paris. aufquels ils auront efté employez
au lieu de leurs refignans, & le faire fignifier tant aufdits habitans de leurs Parroiffes, qu'à ceux de celles où demeureront
leurs refignans, & au Subftitut de noftre
Procureur General : Enfemble le quartier qu'ils doiuent feruir auant ledit premier iour d'Octobre. Et pour plus grande certitude du feruice defdits Officiers,
ils feront tenus dés leur arriuée à la Cour

& lieux où ils doiuent feruir, prendre at-
teftatioñ paffée par deuant deux Notaires du lieu,qu'ils figneront de leurs mains
auec lefdits Notaires, comme ils feront
venus exprés pour feruir leur quartier, Et
vn femblable, au milieu, & l'autre à la fin
de leur quartier. Tous lefquels actes ils
feront fignifier par chacun an, tant aux
habitans de la Parroiffe de leur demeure,
qu'aux Subftituts de noftre Procureur
General en l'Electiõ, fur peine d'eftre impofez aux Tailles.

XXX.

La verification du payement des gages
defdits Officiers, fera faite fur les extraicts
des comptes rēdus en nos Chambres des
Comptes , par les Treforiers & Payeurs
defdits Officiers, s'il en a efté compté. Et
fi le compte n'a efté encore rendu, par les
certificats defdits Payeurs, Receueurs &
Treforiers qui leur en auront fait le payement lefquels ferõt tenus de certifier au
vray s'ils ont actuellement payé, ou non,
& fi lefdits Officiers ont actuellement
feruy, ou non, & ce à peine de faux, & de
tous defpens, dommages & interefts des
parties. Et pour le regard des Officiers qui

ſont payez par Argentiers ou Payeurs qui ne rendent cõpte à la Chambre, le payement en ſera verifié par la certification deſdits Argentiers & Payeurs, leſquels ſeront auſſi tenus de faire ſemblable certification, ſur les peines que deſſus. Demeurant neantmoins la faculté aux habitans des Parroiſſes, de verifier le contraire deſdits extraits & certificats, tant par écrit que témoins, ſans eſtre tenus de former inſcription en faux.

XXXI.

Ne pourra eſtre accordé auſdits Officiers aucune diſpenſe de ſeruice, ſinon pour cauſe de maladie deuëment certifiée par le Iuge & Procureur du lieu de leur demeure, par acte ſigné d'eux & de leur Greffier, lequel ſera ſignifié aux Manans & Habitans des Paroiſſes de leur reſidence, à l'yſſuë de grande Meſſe, à vn iour de Dimãche ou Feſte, & à leur Procureur Syndic, & encores au Subſtitut de noſtre Procureur General en l'Election, pour le debattre en cas de fraude, ſoit par écrit ou par teſmoins, Sans eſtre obligez de s'inſcrire en faux contre ledit acte, comme deſſus.

XXXII.

Les Ecclesiastiques iouïront des Priuileges & exemptions à eux accordées par nos Lettres Patentes & Contracts faits auec eux, iusques à la fin de la presente année, selon & ainsi qu'ils en ont bien & deuëment ioüy par le passé : Dans laquelle se retirás par deuers nous, & rapportans lesdites Lettres & Contracts, leur sera pourueu pour l'aduenir ainsi que de raison.

XXXIII.

Les Nobles, Ecclesiastiques, Cheualiers de Malte, Officiers priuilegiez, & Habitans de nostre Ville de Paris, pourront faire valoir par leurs mains vne de leurs terres & maisons, & celles qui y sont adjacentes & contiguës en dependans. Et pour les autres terres & metairies qu'ils feront valoir par Receueurs ou Seruiteurs, lesdits Receueurs ou Seruiteurs seront taxez, tout ainsi que pourroiét estre taxez leur fermiers desdites terres & metairies. Et pour le regard des habitás demourans aux villes franches, autres que nostredite ville de Paris, s'ils font valoir leurs terres ou metairies par receueurs ou seruiteurs, il seront taxez aux Tailles

comme pourroient eftre taxez leurs Fermiers ou Laboureurs N'entendons toutefois comprendre au prefent article les
maifons côfiftans en clos & vignes, pour
lefquelles il en fera vfé côme il a efté cy-
deuant fait: Mefmes les Habitans de noftre ville de Lyon, qui iouiront des priuileges qui leur ont efté accordez par les
Lettres Patêtes du feu Roy Charles neu-
fiéme en l'annee 1561, regiftrées en noftre
Cour des Aydes à Paris, le huictiéme
d'Octobre 1563.

XXXIV.

Les Fermiers des Ecclefiaftiques, Gen-
tils-hômes, & autres demeurans és villes
franches, feront taxez à nofdites Tailles,
à raifon du profit qu'ils pourroient faire
en leurs fermes, en chacune des Parroiffes où les biens & heritages dont ils feront Fermiers, feront affis, à raifon de ce
que pourroit porter vn Fermier particu-
lier qui demeureroit efdites Parroiffes,
à caufe de la jouïffance defdites fermes,
nonobftant qu'ils demeurent efdites villes franches.

XXXV.

Nul ne pourra eftre exempt des Tail-

les par le simple consentement des Habitans des Parroisses, ny abbonné par eux à
certaines sommes pour toutes Tailles, au
preiudice des autres, ains chacun Habi-
tant sera taxé selon ses facultez.

XXXVI.

Ceux qui ont cy-deuant indéuëment
ioüy de l'exemption des Tailles, y seront
taxez à vne seule fois, à la premiere assiete
qui se fera, autant qu'ils eussent porté les
deux années dernieres, à la descharge des
autres habitans de la Parroisse.

XXXVII.

Les Habitans demeurans és Villes &
lieux taillables, qui auront pris à ferme
quelques terres & metairies hors le dé-
troit de la Parroisse de leur residence, por-
teront les taxes des precedens Fermiers à
proportion du profit qu'ils y pourront
faire, & la payeront en la Parroisse de la
situation d'icelle, outre la Taille qu'ils
doiuent au lieu de leur demeure, pour le
surplus de leurs biens & facultez. Ce qui
sera encore obserué pour les heritiers de
ceux qui auront tenu lesdites Fermes, &
qui en continuëront la ioüissance. Et au
cas que les heritages dépendans desdites

Fermes foient fituez en diuerfes Paroif-
fez, lefdits Fermiers ou heritiers payerõt
ladite taxe en la Parroiffe du lieu où fera
bafty le principal logemẽt defdites Fermes & Metairies.

XXXVIII.

Les Affeeurs feront Collecteurs en la
mefme année de leur charge, & les Habitans des Parroiffes capables de l'exer-
cer, & ayans moyens fuffifans pour ce
faire: Mefmes les Fermiers des Gentils-
hommes & Officiers de nos Elections,
tenus & obligez de la faire par ordre, &
chacun à leur tour, fans exception d'au-
cũs. Et au lieu de quatre Affeeurs Collecteurs ordonnez par les Reglemens cy-
deuant faits pour les grandes Parroiffes
taxées à quinze cens liures du principal
de la Taille, & au deffus, Voulons qu'il
en foit nommé pour l'aduenir iufqu'à
huict; & pour les moindres Parroiffes,
quatre, afin qu'ils fe puiffent foulager
l'vn l'autre, & plus facilement leuer nos
deniers. Laquelle leuée ils ferõt ensẽble
par quartier ou demie année, ainfi qu'ils
demeurerõt d'accord entr'eux, demeurans toutefois refpõfable les vns des autres. Et fe

Et se fera ladite leuée sur les originaux des
Roolles verifiez par les Esleus, sur lesquels
les payemens qui seront faits par les cottisez, seront croisez au mesme instant que
lesdits payemens seront faits, à peine de
faux, & d'amende arbitraire: Enjoignans
aux Esleus de proceder contre les contreuenans auec seuerité, Et de parafer tous les
fueillets desdits Roolles en les verifiant,
afin qu'il ne s'y commette aucun abus.

XXXIX.

Lesdits Asseeurs Collecteurs seront esleuz
& nommez par les habitans des Parroisses,
deuëment assemblés, issuë de grande Mes-
se, à iour de Dimanche ou Feste; Et sera
l'assemblée, qui se deura faire pour ladite
Eslection, publiée au Prosne des grandes
Messes par deux Dimanches consecutifs;
De laquelle ils ne pourront estre deschar-
gez, sinon le Procureur Scindicq de la Parroisse, ou lesdits habitás appellez; Et le premier iour de Ianuier venu, nul ne pourra
estre deschargé de ladite charge pour quelque cause & occasion que ce soit; Et en cas
d'appel de la sentence des Esleus sur ladite
descharge, Lesdits Asseeurs Collecteurs,
Esleus, feront l'assiette & collecte, nonob-

ſtant & ſans preiudice de l'appel, ſauf leurs
deſpens, dommages & intereſts : Et en cas
qu'aucuns deſdits Aſſeeurs Collecteurs
fuſſent inſoluables, le corps de la Parroiſſe
en demeurera reſponſable.

X L.

Les Treſoriers de France feront le departement de la Taille ſur les Ellections
dépendans de leur Generalité, huict iours
apres auoir receu le Breuet que nous leur
enuoyons par chacun an, de ce qui ſe doit
impoſer l'année ſuiuante; Et ledit departement fait, ils l'enuoyeront incontinent &
ſans delay, Et dans le mois d'Aouſt au plus
tard, en noſtre Conſeil. Auquel departement nous leur ordonnons de vacquer
auec iuſtice & eſgalité, ſelon qu'ils reco-
gnoiſtront que chacune Ellection deura
porter : Oüy le rapport de celuy d'entr'-
eux qui aura fait ſes cheuauchées, ſans y
apporter aucune faueur ou paſſió. Et d'autant que le plus ſouuent leſdits Treſoriers
fauoriſent l'Ellection de leur demeure, où
le Bureau des Finances eſt eſtably, au preiudice des autres Ellections moindres en
Parroiſſes & facultés ; Nous permettons
aux Elleus des Ellections qui ſe pretendrót

furtaxées,de faire leur procés verbal,som-
maire des raisons qu'ils auront à dire,& re-
presenter côtre lesdites taxes,Et l'enuoyer
en noftre Conseil pour y eftre pourueu;
Et les Esleétions des Bureaux où font les
Generalités, taxées en noftredit Conseil,
à la descharge & soulagement des autres.

XLI.

Nos Commiffions feront à l'aduenir enuoyées aufdits Treforiers de France dés
le mois de Nouembre,pour la leuée de nos
Tailles de l'année fuiuante,Et par eux huiét
iours apres aux Efleus des Esleétions.

XLII.

Lefdits Efleus huiét iours apres qu'ils auront receu nos Commiffions , feront le
departement des Tailles des Parroiffes de
leur Esleétion; Auquel ils procederont
auec la plus grande efgalité que faire fe
pourra,le fort portant le foible,fans aucune confideration ou affeétion particuliere
du lieu de leur demeure , ou de celuy où
leurs biens font affis; A peine d'eftre tenus
des non-valleurs en leurs propres & p riu-
és noms,Et de priuation de leurs charges:
Et en cas que les Treforiers de France, re-
cognoiffent en faifant leurs cheuauchées.

que lefdits Efleus fauorifent la ville en laquelle ils feront demeurans, ils la taxeront
affemblés en leur Bureau en nombre fuffi-
fant : Auffi à la defcharge & foulagement
des autres Parroiffes de l'Eflection.

XLIII.

Et afin que lefdits Efleus foient inftruits
de ce que chacune Parroiffe doit porter, Ils
feront leurs cheuauchees en temps deu
& accouftumé, incontinent apres la recolte, Ainfi qu'il leur a efté prefcrit par les Reglemens cy-deuant faits : Et s'informeront
foigneufement de la fertilité, ou fterilité
de l'annee, De ceux qui feront decedez ou
deflogez des Parroiffes, depuis la cotte
precedente, dont ils feront vn eftat; Comme auffi des exempts & priuilegiez, Des
caufes de leur exemption ou priuilege, En
quelle qualité ils en iouyffent; Si aucuns
s'attribuent le tiltre de Nobleffe, ou d'e-
xemption induement: Si nofdits Officiers
commenfaulx, Ceux de la Royne, noftre
tres-chere Efpoufe, Et de noftredit coufin
le Prince de Côdé feruent leur quartier, ou
non, Quel quartier ils feruent: Côme auffi
s'il y a aucuns defdits habitans, qui s'exem-
ptent de tout ou partie defdites Tailles par

auctorité qu'ils prennent fur les autres , faueur ou autrement. Et ne pourront lefdits
Efleus faire leurs cheuauchees deux an-
nees côfecutiues en mefme Parroiffe, Ains
feront tenus de changer de departement
par chacun an , Sans pouuoir choifir les
Parroiffes qu'ils auront vne fois euës en
departement, Qu'ils n'ayent efté en toutes
les Parroiffes de leur Efle&ion.

XLIV.

Et d'autant que les cheuauchees defdits
Efleus, qui doiuent feruir au departement
des Tailles de la prefente annee , ont efté,
ou deu eftre par eux faites dés le mois d'O-
&obre dernier, Et que noftre vouloir & in-
tention eft , que nos fubie&s taillables
commencent à iouyr dés ladite annee prefente, du benefice & defcharge qu'ils doiuent attendre de l'obferuation du prefent
Reglement , En taxant & impofant aux
Tailles les pretendus Nobles & priuilegiez, dont les exemptions font par Nous
reuoquees: Et les principaux habitans des
Parroiffes , aux fommes qu'ils doiuent le-
gitimement porter , eu egard à leurs facultez ; Nous ordonnons aux Efleus des
Efle&ions, qui ont fait leurs cheuauchees

audit mois d'Octobre, De se rendre tous
en la Ville, où le siege & bureau de leur Eslection est estably, huict iours apres la pu-
blication des presétes, Et y demeurer, sans
en pouuoir desemparer pour quelque cause & occasion que ce soit, iusques à la fin
du mois de May prochain : Et incontinent
nos Commissions receuës, de proceder au
departement des Tailles sur les Parroisses
de leur Eslection pour ladite annee presente : Et ce fait, enuoyer leurs Commissions
aux Asseeurs, Collecteurs, manäns & habitans desdites Parroisses ; Ausquels Asseeurs Collecteurs, ils ordonnerót par lesdites Commissions, de se transporter à
iour certain & prefix, en la ville où le bureau de l'Eslection est estably, pour proceder à l'affiette de la Taille, en la presence
de celuy d'entr'eux, qui aura fait ses cheuauchees en leur Parroisse ; Auquel iour
lesdits Asseeurs Collecteurs seront tenus
de se trouuer: Et en cas d'absence, maladie,
ou autre légitime empeschement de celuy
qui aura fait la cheuauchee, les Esteus en
corps en commettront vn autre.

XLV.

Le Roole du principal de la Taille de

l'année prefente fera fait par tous lefdits
Affeeurs, en la prefence de l'Efleu, qui aura
fait fes cheuauchées en ladite année der-
niere: Et pour cét effet feront tenus fe tranfporter en ladite ville , où le Bureau &
Siege de l'Efle ction eft eftably, au iour qui
leur aura efté affigné par lefdites Commiffions : A laquelle affiette, apres le ferment
par eux fait pardeuant ledit Efleu , ils vacqueront en leurs loyautez & confciences,
fans aucune difcontinuation; Afin que lefdits Affeeurs faffent le moindre feiour que
faire fe pourra : Auquel Roolle fera employée la côdition des cottifez, comme de
Iuge, Notaire, Greffier, Sergét, Procureur
de Seigneurie, Marchand , Artifan , Fermier de Gentil-homme , des Officiers des
Efle ctions , ou Laboureur: Et fi le Laboureur trauaille pour luy ou pour autruy, Et
à combien de charuës , Afin de recognoi-
ftre par la le cture dudit Roolle fi la Taille
aura efté bien affife: Et en fin d'iceluy fera mis les noms des Ecclefiaftiques, des
Nobles & exempts, s'il y en a en la Parroiffe, Auec la caufe de leur exemption; Et s'il
n'y en a, il en fera fait mention, à peine d'a-
mende arbitraire contre les Affeeurs Col-

lecteurs, qui auront fait sciemment lesdites obmissions; Desquels exempts & priuile-giés les Substituts de nostre Procureur General luy enuoyeront par chacun an vn estat signé & certifié d'eux, aussi-tost que les Roolles auront estë verifiez par les Esleuz: Et en cas qu'aucuns desdits Asseeurs par maladie ou autre legitime empesche-ment ne se peussent transporter en ladite ville, elle sera faite par les autres, qui vau-dra comme si les absens y auoient assisté.

XLVI.

Apres que l'assiette aura esté reglée en la presente année, l'année prochaine, & suiuantes les Asseeurs & Collecteurs des Parroisses taxés à quinze cens liures du principal de la Taille, & au dessus, Depute-ront quatre d'entr'eux, Et ceux des Parroif-ses taxées au dessous desdits quinze cens li-ures, deux, qui se transporterōt par chacun an pardeuant l'Esleu, qui aura fait ses che-uauchées en leurs Parroisses, au iour qui leur sera assigné par les Commissions qui leur seront enuoyées; En la presence du-quel ils procederont à l'assiette dudit prin-cipal de la Taille, Alaquelle ils vacqueront sans discontinuation, comme dessus : Et a-

fin

fin qu'ils ne faſſent grand ſejour, ils porte-
rõt aux Eſleuz le projet du Roolle, auec les
noms, qualitez & conditions des cottiſez,
pour y employer les ſommes & taxes des
y deſnommés: A chacun deſquels Aſſeeurs
des Parroiſſes eſloignées de trois lieuës, &
au deſſoubs de la ville de l'Eſlection, Nous
attribuons trente ſols: aux Parroiſſes eſloignées de cinq lieuës, chacun cinquãte ſols,
& aux Parroiſſes eſloignées depuis cinq
lieuës iuſqu'à dix & au deſſus, quatre liures
auſſi chacun pour leur voyage, ſejour, &
retour, outre les quatre deniers pour liure,
dont ils jouyſſent pour droiĉt de collecte:
Et pour la façon des Roolles ordinaires &
extraordinaires, & pour la minutte & co-
pie d'iceux, douze liures, pour les grandes
Parroiſſes de trois cens feux, & au deſſus:
Neuf liures, pour les mediocres de deux
cens feux, & au deſſus, iuſques à trois cens;
Et ſix liures pour les petites. Et pour le
bois, feu & chandelle quatre liures dix
ſols, pour les grandes Parroiſſes; ſoixante
ſols pour les mediocres, & quarante ſols
pour les petites. Leur deffendant d'en impoſer dauantage: Et aux Eſleuz & Subſtituts de noſtre Procureur General, de le

permettre, Ny de prēdre aucū salaire pour leur vaccation d'estre presens à ladite assiette; à peine de concussion: Et pour le Taillon, Garnisons, & autres Creues extra-ordinaires, elles seront faites au sol la liure, sur ledit principal de la Taille, estant ledit principal de la Taille, Taillon, Garnisons, que droicts alliencz, compris en vn mesme Roolle.

XLVII.

Nul ne pourra assister à l'assiette auec lesdits Asseeurs Collecteurs, excepté le premier Notaire, Sergent, ou autre personne, qu'ils voudront choisir pour escrire lesdites taxes: Sans que le Greffier de l'Eslection, ses Clercs & Commis y puissent vacquer directement ou indirectemēt. Ce que nous leurs deffendons tres expressément: Et à tous Seigneurs, Gentils-hommes, d'apporter aucune contrainte à la volonté desdits Asseeurs, A peine de priuatió de leurs fiefs & droicts de haute Iustice; Et de payer en leurs propres & priuez noms les cottes parts de ceux qu'ils auront fait descharger ou moderer: Et à tous Iuges, Officiers, & autres personnes de quelque qualité ou condition qu'ils soiēt, d'intimi-

der ou contraindre lefdits Affeeurs en la li-
berté de leur voix, à peine de priuation de
leurs charges, & de punition exemplaire.

XLVIII.

Le Roolle de la Taille fera fait foubs
deux Chapitres: Au premier defquels feront compris les Iuges Confeillers, les
Subftituts de nos Procureurs generaux,
Officiers des Greniers, Procureurs fifcaux,
Notaires, Aduocats, Greffiers, Procureurs, Poftulants, Fermiers, Meftayers
des Nobles, des Ecclefiaftiques, des Efleus, Grenetiers, Controlleurs, & autres
perfonnes qui peuuent auoir credit & authorité fur les autres habitans, que lefdits
Affeurs n'ofent taxer, ce qu'ils peuuent le-
gitimement porter, ny les habitans des
Parroiffes en faire plainte, de crainte d'en-
courir leur inimitié. Tous lefquels feront
taxez d'office, par l'Efleu qui aura la Parroiffe en departemét, tát par l'aduis defdits
Affeurs Collecteurs, que par les autres
preuues & cognoiffáces qu'il aura receuës,
faifant fes cheuauchees, de leurs commo-
ditez, biens, & facultez : Et fe feront lefdites taxes, à la requefte & diligence du
Subftitut de noftre Procureur General en

l'Eflection. Lequel à ceſt effect prendra
communication des procez verbaux des
cheuauchees des Eſleus , qui luy feront
par eux defliurees , ou coppies d'iceux fi-
gnees de leurs mains : Et fera faic mention
fur l'article de la taxe des cottizez de ceſte
qualité, employez au premier chapitre dudit Roolle, que l'Eſleu, ce requerât le Subftitut de noſtre Procureur General, les aura taxez d'office, pour les cauſes refultant
de fon procez verbal , Sans preiudice de
leurs oppofitions en furtaux; Auquel procez verbal les cauſes de ladite taxe feront
particulierement exprimees.

XLIX.

En l'autre Chapitre dudit Roolle feront
employez tous les autres habitans taillables, dont les conditions ne font aſſez re-
commandables, pour leur donner du pouuoir , authorité & credit fur les autres
habitans de la Parroiſſe. Leſquels leſdits
Aſſeeurs Collecteurs taxeront en leurs
loyautez & confciences.

L.

Les Aſſeeurs Collecteurs ne fe pourront
cottifer à m ins, ny leurs parens & alliez
en l'année de leurs charges, qu'ils eſtoient

l’année precedente, ou ſur le pied de leur
cotte, au cas que la Taille euſt eſté augmentée ou diminuée; ſinon qu’ils ayent ſouffert
quelque notable perte en leurs biens, com-
moditez & profits: Pour raiſon de laquelle
il ſoit iugé par les Eſleuz, au nombre de
trois pour le moins, que ledit Rabais leur
ait deub eſtre fait: Et s’ils le font autremẽt,
leur taxe ſera augmentée à ladite raiſon:
outre laquelle ils payeront encore la meſme ſomme de plus par forme d’amende,
que leſdits Eſleus ne pourront moderer: ce
qui ſera deduit aux habitans à la premiere
aſſiette qui ſe fera ſur eux.

LI

Et parce que Nous ſommes particuliere-
mẽt informez que la plus grãde ſurcharge
des habitans des Parroiſſes prouient de diuerſes leuees qui ſe font ſur eux, au cou-
rant de l’année par aſſiettes particulieres,
la plus-part deſquelles procedent de deſpens de ſurtaux ſi exceſſifs, que tel oppo-
ſant à qui eſt ordonné vingt ſols de mo-
deration obtiẽt deux & trois cens liures de
deſpens contre vne ſeule Parroiſſe; Nous
pour y pouruoïr voulons & ordonnons,
Que tous ceux qui ſe pretendront ſurtaxez

fourniſſent leurs moyens d'oppoſitions,
trois mois apres que l'aſſiette aura eſté fai-
čte,auGreffe de l'eſlection;leſquels paſſez
il ne ſeront plus recepuables oppoſans en
ſurtaux:Et que dans ledit temps il les facent ſignifier au Subſtitut de noſtre Procureur general,& aux habitans de leur Par
roiſſe,ou à leur Procureur Syndic:leſquels
s'aſſemblerốt à jour de Dimanche ou Feſte iſſue de grande Meſſe,pardeuất le Notaire ou Curé du lieu , pour déliberer ſur
leſdits moyens d'oppoſition , & y fournir
de reſponces,ſi bon leur ſemble ,qu'ils enuoyeront audit Subſtitut,& icelles feront
ſignifier a l'oppoſant:ſans que leſdits habitans puiſſent eſtre aſſignés ſur leſdites
oppoſitions:Ains ſerốt ſeſdits procez in-
ſtruits auec ledit Subſtitut: Et ſera tất par
luy que par les oppoſans cốuenu, huictai-
ne apres la ſignification faite de la reſpố-
ce deſdits habitans,de trois prudhommes
des Parroiſſes circốuoiſines,ou de la Parroiſſe,pourueu qu'ils neſoient taillables,
ny parens des oppoſans:Sinon il en ſera
nommé d'office par les Eſleus, qui ſeront
ouïs par le Commiſſaire examinateur,en
la preſence les vns des autres ; Sur la de-

position defquels, & fur le procez verbal
de l'Eſleu, qui aura fait ſes cheuauchees en
la Parroiſſe, & aſſiſté à l'aſſiette, moyens
d'oppoſitiõ, reſponce à icelles, & extraicts
des roolles des trois années precedentes,
ſera par les Eſleus, autres que celuy qui aura procedé à la Taxe, le procés iugé: & en
cas d'appel de la ſentēce des Eſleus, les appellations n'en ſeront receües, ſi la taxe
n'excede dix liures du principal de la taille
& des autres à l'equipolent: conformemēt
à l'article ſixieſme de l'Edict de l'année
1600. Et ſi la taxe excede ladite ſomme,
feront tenus les oppoſans faire porter le
procez & ſentence des Eſleus aux Greffes de nos Cours des Aydes à leurs frais;
Sur lequel appel les habitans des Parroiſſes, ne pourront eſtre pareillement inthi-
mez, ains ſeulement ledit Subſtitut, pour
lequel noſtre Procureur general eſdites
Cours prendra le faict & cauſe: Et ſera
l'appel iugé en noſdites Cours ſur ledit
procez principal, Sans que les Eſleus &
Subſtitut de noſtredit Procureut general, Aſſeeurs & Collecteurs puiſſent eſtre
pris à partie en leurs noms, tant en cauſe
principale que d'appel; Sinon en cas de

concuſſion ſeulèment, Ny leſdites taxes moderées en noſdites Cours, ſur le ſimple conſentement des habitans des Parroiſ-ſes. Le meſme ſera obſerué ſur les oppoſitions en ſurtaux du ſel d'impoſt, és lieux où ledit impoſt eſt eſtably.

LII.

Les roolles des Tailles ſeront executez, nonobſtāt oppoſitiōs ou appellatiōs quel-conques, & ſans preiudice d'icelles; Pour leſquels ne ſera differé par nos Eſleus, ny par eux fait deffeces de les executer pour quelque cauſe que ce ſoit, à peine de reſ-pōdre en leurs propres & priuez nōs, des deſpens, dommages & intereſts des Colle-cteurs. Et ſeront tenus les cottiſez de payer leurs taxes és mains deſdits Colle-cteurs: Et en cas d'oppoſition en ſurtaux, & de contention ſur la taxe des particu-liers pretendus priuilegiez, ou impoſez en diuerſes Parroiſſes, de meſme eſlectiō, Les parties ſe pouruoiront pardeuant les Eſleuz du reſsort deſdites parties en pre-miere inſtance, & par appel en nos Cours des Aydes; Auſquelles enioignons de fai-re renuoy deſdites cauſes, en cas qu'elles

ayent

ayent esté introduites en premiere in-
stance en nosdites Cours des Aydes , par
lettres de conuersion d'appel, en opposi-
tion ou autrement; Auec condamnation
de despens du renuoy , ou telles autres
peines qu'ils aduiseront bon estre.

LIII.

Pour la difficulté que les Collecteurs
pourroient auoir de se faire payer des
pretendus exempts qui auront esté cottisez, lesquels bien souuent sont craints &
respectez aux lieux où ils demeurent,
Apres que la premiere signification de
leurs taxes aura esté faite, à la requeste & diligence desdits Collecteurs, s'ils
sont refusans ou dilayans de payer; Les
Receueurs des tailles & taillon seront tenus d'en faire les poursuites aux frais des
cottisez: Et lesdits Collecteurs deschar-
gez d'autant , Et pourront lesdits Receueurs donner le recouurement desdites
taxes aux Preuosts des Mareschaux, leurs
Lieutenans & Archers pour le payement
de leurs gages, apres les commandemens
faits ausdits taxez à la requeste desdits
Receueurs, en cas de reffus de payement
ou de rebellion. Et pour cét effect ordon-

nons que la taxe de la taille & taillon fera
faite par deux articles feparez.

LIIII.

Les regiftres des Receueurs des tailles
& taillon feront dés le commencement
de l'année cottez & paraphez en chacun
feuïllet, & le nombre efcrit au long, & non
en chiffre, par le Prefident de l'Eflection,
en la prefence de deux Efleus : Dans lefquels regiftres & non autres, lefdits Receueurs efcriront ce qu'ils receuront des Collecteurs, à l'inftant que les payemens leur
feront faits, fur quelle nature de deniers,
& en quelles efpeces, fuiuant les Reglemens precedens, à peine d'eftre conuain-
cus de concuffion.

L V.

Lefdits Receueurs des tailles & taillon
ne pourront decerner leurs contraintes
contre aucuns particuliers de la Parroiffe
pour le payement de la taille, Si ce n'eft
en cas de rebellion des habitans, ou qu'ils
euffent negligé d'eflire des Affeeurs &
Colecteurs, Ou que lefdits Affeeurs &
Colecteurs par eux efleus, difcution
fommaire faicte de leurs biens, ayent
efté trouuez infoluables : Ce qui fera

iugé au prealable par les Esleus: Et afin que les Sergéns des Eslections n'em puissent abuser, comme ils ont faict par le passé; Les principaux de la Parroisse, qui doiuent estre contraints solidairement pour le general, seront desnommez par noms, surnoms & qualitez, par les contraintes desdits Receueurs, & Ordonnance desdits Esleus. Deffendons ausdits Sergens, & autres qui seront employez au recouurement des deniers de nos tailles, de receuoir leurs sallaires des habitans ou Collecteurs, sur les peines portées par nos precedentes Ordonnances; Ains receuront leurs sallaires par les mains desdits Receueurs, suiuant la taxe qui en aura esté faicte par le President & deux Esleus de l'Election en fin de chacun quartier; Qui les payeront entierement, sans vser de retétion, ny participer à la taxe desdits sallaires, Desquels lesdits Receueurs feront le recouurement des Collecteurs, au premier payement qu'ils leur feront, Et donneront lesdits Receueurs leurs contraintes pour plusieurs Parroisses voisines à vn mesme Sergét, & par mesme voyage, si faire se peut; Aus-

quels Sergens nous faisons tres-expresses
deffences d'exiger aucuns deniers , ny
traittement desdits habitans & Collecteurs: Ny de faire aucune executió sur le
pain, le lict, les cheuaux, & autres bestes
de labour, vstancilles & outils de Maneu-
ures & artisans: Comme aussi de descou-
urir les maisons, ny arracher les portes &
fenestres, le tout a peine de la vie.

LVI.

Faisons pareillement deffences ausdits
Receueurs des tailles & taillon: Et à tous
nos Officiers des Ellections, de receuoir
ny exiger aucune chose des Asseeurs &
Collecteurs des tailles, Procureurs Scindicqs, manans & habitans des Parroisses,
soubs pretexte de presens ou gratifica-
tions, A peine de concussion contre lesdits Officiers, & contre lesdits habitans,
Scindicqs, Asseeurs & Collecteurs, De
cent liures d'amende , appliquable aux
necessitez des Eglises desdites Parroisses.

LVII.

Et d'autant qu'en aucunes Ellections
lesdits Elleus interpretans le neufiesme
article de l'Edit du mois de Mars mil six
cens (à leur fantaisie) Se sont ingerez de

diſtraire les Hameaux d'aucunes Parroiſſes de leur Eſlection, leſquels auparauant
ladite année n'auoient eſté ſeparez, ny
deſ-vnis du corps de la Parroiſſe : Ce qui
apporte de grandes incommoditez &
frais aux vns & aux autres, & pluſieurs
proçez & differend's ; Nous voulons que
les Hameaux ainſi diſtraicts par les Eſleus
de leur auctorité, ſoient reünis auec le
corps de la Parroiſſe ſous vne meſme taxe, comme ils eſtoient auparauant ladite
année mil ſix cens: Excepté ceux qui pour
quelques conſiderations ont obtenu nos
lettres de deſ-vnion, regiſtrees en nos
Cours des Aydes; Pour leſquels leſdits
Eſleus diſioindront leurs taxes, & adiou-
ſteront en leurs Commiſſions, & au departement de la taille qui deura eſtre leuée ſur toute la Parroiſſe, de laquelle vn
tel Hameau payera tant; Sans que leſdicts
hameaux ainſi deſvnis ſoiēt reſponſables
de la taille du corps de la Parroiſſe, Ny pa-
reillemēt la Parroiſſe de celle deſdits hameaux: Et en conſequence de ce les habitans deſdits hameaux eſliront entr'eux des
Aſſeeurs & Collecteurs particuliers, pour
l'aſſiette & collecte des ſommes dont ils
ſeront chargez.

LVIII.

Les particuliers cottisables ne pourront
estre taxez qu'au seul lieu de leur domicille, pour tous les biens qu'ils possedent,
auront acquis, & acquerront: sans vser par
les Habitans ou Esleuz de transports de
taxes, ainsi qu'il s'est pratiqué abusiuemēt
en quelques Elections , notamment en
celles de la Generalité de Lyon: Demeurant neantmoins le reglement fait pour
les habitans de Masconnois en sa force
& vertu.

LIX,

Les Habitans qui voudront desloger
de leurs parroisses, pour aller demeurer en
autres lieux ; Seront tenus de faire publier
leur deslogement auparauant le premier
iour d'Octobre precedēt les tailles assises,
Et le faire signifier aux habitans & Procureur Sindic de la Parroisse , Et executer
actuellement la translation de leur domicille dãs le premier iour de Ianuier : Nonobstant lequel deslogement, ils seront taxez l'année suiuante, en la Parroisse de laquelle ils seront deslogez : Et ne pourront
estre taxez en celle où ils iront demeurer,
qu'ils n'y ayent demeuré actuellement

ſans intermiſſion, l'an & iour. En laquelle
Parroiſſe ils ne pourront eſtre moins taxez qu'ils eſtoient en celle dont ils ſeront
deſlogez: & ſauf à les augmenter, s'il y eſ-
chet , ſans preiudice de leur oppoſition en
ſurtaux: Et ſera la Parroiſſe de laquelle ils
ſeront deſlogez, deſchargee de leurs taxes , & celle où ils ſeront allez demeurer
chargée d'autant.

LX.

Ceux qui ſortiront de lieux taillables,
meſmes ceux dont les exemptions ſont
reuoquées par le preſent Edict , pour aller demeurer aux villes franches, ſeront
taxez & impoſez eſdits lieux taillables, iuſqu'à ce qu'ils ayent acquis domicille dans
leſdites villes franches par dix ans.

LXI.

Et parce qu'aucuns habitans des lieux ſituez ſur les confins de certaines Eſlectiōs,
ſe retirent enſemble en vne chambre ou
petite maiſon, ſituée en vne autre Eſlectiō
ou Parroiſſe que celle où leurs biens ſont
aſſis, où ils s'accordent d'eſtre cottizez à
des ſommes legeres; & y ayans demeuré
par an & iour, ils ſe maintiennent habitans
de la Parroiſſe en laquelle ils ſe ſont reti-

rez , ne delaiſſans iournellement de tra-
uailler aux labourages & culture de leurs
heritages, ſituez en celles dont ils ſont deſlogez , & y faire leur trafic & commerce:
Comme auſſi pluſieurs habitans de Villes
franches demeurent la plus-part de l'année aux champs , & ſe retirent ſeulement
auſdites Villes franches , vers le mois de
Decembre , ou au commencement de
Ianuier, auparauant les tailles aſſiſes; Deſquelles ils ſe pretendent pareillement
Bourgeois & habitans ; & qu'ils ne ſe-
iournent aux champs que pour la recolte
de leurs fruicts, & par ce moyen ils s'e-
xemptent induëment du payement des
tailles ; A quoy voulans pouruoir; Nous
voulons que les premiers ſoient touſiours
cottiſez au lieu ou ils demeuroient auparauant leur deſlogement pretendu , tant
qu'ils trauailleront au labour & culture de
leurs heritages ; Si mieux n'ayment les
bailler à ferme , à perſonnes payans tailles en leur lieu, Et que les derniers ſoient
reputez habitans du lieu où ils font le plus
grand ſejour durant l'annee, & qu'ils y
ayent taille, comme eſtant leur vray &
actuael domicille.

Et

LXII.

Et pour le regard des habitans, demeurans és lieux où les tailles font reelles,
ayans neantmoins la plufpart de leurs
biens affis où elles font perfonnelles, fans
y eftre cottifez, d'autāt qu'ils n'y ont leurs
domicilles, Voulons que conformement
aux reglemens precedens ils foient cottifez és lieux où les tailles font perfonnelles,
à caufe du bien qu'ils y poffedent ; Et que
les fruicts & reuenus de leurs heritages
demeurent affectez au payement de leurs
taxes.

LXIII.

Et d'autant que la plufpart des Priuilegiez, dont l'exemption eft reuocquée
par le prefent Edit, font demeurans dans
les Villes & gros Bourgs, Et qu'il y en a
peu de domiciliez aux Parroiffes du plat
pays; Enioignons aux Officiers defdites
Eflections, procedans au departement des
tailles d'y auoir efgard ; Et en cefte confideration augmenter les tailles defdites
villes & lieux où il y aura des priuilegiez,

H

A la deſcharge de celles où il y en a peu ou
point: A peine d'en reſpondre par leſdits
Officiers en leur propre & priué nom.

LXIIII.

Et ſur les plaintes que nous auons receuës des Officiers de nos Eſlections, &
greniers à ſel, De ce que les Iuges ordinaires entreprennent ſur leur Iuriſdiction,
Et cognoiſſent des differends, dont la co-
gnoiſſance leur eſt attribuée par nos Edits
& Ordonnãces: Meſmes pretendent que
les Sentences & Ordonnances des Eſleus
& Greneticrs, ne ſe doiuent executer dans
les lieux de l'eſtabliſſemẽt des Iuſtices ordinaires, ſans leur en demander la permiſ-
ſiõ: Informent, decretẽt, & font empriſon-
ner les Huiſſiers & Sergens, porteurs deſdites Sentences: Et de leur auctorité eſlar-
giſſent & tirent hors des priſons ceux qui
ſont empriſónez par l'Ordónance deſdits
Eſleus: Au moyen dequoy le payemẽt des
droits de nos tailles, Aydes & Gabelles eſt
retardé: Nous voulons & ordonnons que
toutes ſentences, Iugemens & Ordonnãces deſdits eſleus & Grenetiers: meſmes les

ordonnances, reglemés, decrets,deffaux
à ban & trois briefs iours,& generalemét
toutes autres ordonnances qui doibuent
eître publiées à son de trompe, tambour
& autre forme de cry,& affichees aux places & endroits publics, soit pour saisies
d'heritages,véte de fruits, ou autres cau-
ses, soiét executez par nosdits huissiers &
Sergens:Sans pour ce demander aucun
pareatis, ny permission ausdits Iuges
ordinaires,ou autres Officiers,de quelque
qualité & condition qu'ils soient.Ausquels
nous faisons tres-expresses deffences de
troubler & empescher lesdits Officiers des
Ellections & Greniers à sel en leurs Iuris-
dictions, & les Sergens porteurs de leurs
ordonnances en l'execution d'icelles: Et
de prendre aucune Cour, Iurisdiction, &
cognoissance du fait de leurs exploits,
Sur peine de suspension de leurs charges,
de mil liures d'améde, & de tous despens,
dommages & interests. Leur enjoignant
de prester main-forte ausdits Sergens,
quand ils les en requerront : Sauf aux
Parties interessees de se pouruoir par appel,oppositions,ou autrement pardeuant

les Iuges, aufquels par nos Edits & Ordó-
nances la cognoiffance en appartient. Et
en cas de contrauention au prefent Article, lefdits Iuges contreuenans feront
affignez en vertu des prefentes en noftre
Confeil, Auquel nous en auons referué la
cognoiffance, & icelle interdicte & def-
fenduë à toutes nos Cours & Iuges quel-
conques.

LXV.

Enioignons aux Prefidens, Lieutenás &
Efleus des Ellections de ce Royaume, de
tenir la main à l'execution & entretenement du prefent Reglement: à peine de
priuation de leurs offices, décheances de
tous Priuileges, & autres plus grandes
peines s'il y efchet. Ordónons aux Commiffaires, qui feront par nous enuoyez en
nofdites Prouinces, de corriger les abbus
qui s'y trouueront: Proceder contre les
contreuenans par condamnation d'a-
mendes, & interdiction de leurs charges,
ou autrement, extraordinairement, ainfi
qu'ils verront bon eftre. Enioignant à nos
Procureurs des Bureaux des Finances,

Subſtituts de nos Procureurs generaux
des Eſlections, de donner aduis en noſtre
Conſeil des contrauentions, A peine d'en
reſpondre en leurs propres & priuez nós.

Sɪ DONNONS EN MANDE-
MENT à nos amez & feaux Conſeillers les gens tenans nos Cours des Aydes, Preſidents, Treſoriers generaux de
Frãce des Generalitez, Que ceſtuy noſtre
preſent Edict ils faſſent lire, publier & regiſtrer: Et iceluy par les Eſleuz & Officiers
de nos Eſlections, & autres qu'il appartiendra, garder & obſeruer de point en point
ſelon ſa forme & teneur, ſur les peines y
contenuës: Ceſſans & faiſans ceſſer tous
troubles & empeſchemens quelconques,
nonobſtant tous Edicts, Ordonnances,
Reglemens, Arreſts, & choſes à ce contraires: Auſquelles & aux dérogatoires
des dérogatoires y contenuës nous a-
uons dérogé & dérogeons par ces preſentes: A la coppie deſquelles, deuëment collationnée par l'vn de nos amez
& feaux Conſeillers & Secretaires,
Voulons foy eſtre adiouſtée comme à
l'Original: Car tel eſt noſtre plaiſir. Et afin

que ce ſoit choſe ferme & ſtable à touſiours, Nous auons fait mettre noſtre ſeel à
ceſdites preſentes. Donné à Paris au mois
de Ianuier, l'an de grace mil ſix cens trête-
quatre, & de noſtre Regne le vingt-qua-
trieme. Signé, LOVIS. Et plus bas,
Par le Roy, DE LOMENIE. Et ſellé du
grand ſeau de cire verte, ſur laqs de ſoye
rouge & verte.

*Leües, publiées & regiſtrées, Oüy le Procu-
reur General du Roy, pour eſtre executées
ſuiuant & aux charges portées par l'Arreſt de
ce iour, donné les Chambres aſſemblées à Paris, en la Cour des Aydes, le huiĉtieſme iour
d'Auril, mil ſix cents trente-quatre.*

Signé,   BOVCHER.

EXTRAICT
des Regiſtres de la
Cour des Aydes.

E V par la Cour, les Chambres aſſemblées, les Lettres
patentes du Roy en forme
d'Edit dṍnées à Paris au mois
de Ianuier dernier, ſignées L o v i s,& plus
bas, Par le Roy. D e Lomenie, à coſté
V i s a, & ſcellées du grand ſcel de cire
verte, ſur lacqs de ſoye rouge & verte;
portant Reiglement pour le fait des Tailles & retranchemḗt de pluſieuis exempts,
au ſoulagemḗt & deſcharge de ſes ſubjets.
Auec remiſe du deuxieſme quartier de la
Taille de la preſente année : leſquelles lettres ſa Majeſté mande à la Cour faire lire,
publier, & regiſtrer en icelle, pour y eſtre

gardées & obſeruées ſelon leur forme &
teneur : Nonobſtant tous autres Edicts,
Ordonnances, Arreſts, & Reiglements
à ce contraire ; Actes d'oppoſitions for-
mées à la verification deſdites Lettres par
les Maire, Pairs & Commune de la ville
de Beauuais: Iacques Douſi , qui a traicté
auec le Roy des Offices d'Intendants des
deniers communs & d'octroys : Cauſes
d'oppoſition par luy fournies : La Com-
munauté des trois Compagnies des Arbaleſtriers , Archers , & Harquebuſiers
de la ville de Paris : La Requeſte par eux
employée pour cauſe d'oppoſition. Autre
Requeſte des Preuoſt des Marchands , &
Eſcheuins de la ville à meſme fin Les ſix-
vingts Cheuaucheurs de l'Eſcurie : Les
francs Sergens de l'Egliſe de Paris: Et Iean
Cahiet, proprietaire du Greffe ancien de
l'Eſlection de Melun , afin d'eſtre conſer-
uez en leurs priuileges. Autre Requeſte
preſentée à ladite Cour par le Procureur
General en icelle, à ce que commandement fuſt fait aux oppoſans , de fournir
de leurs cauſes d'oppoſition dans trois
iours ; ce qui leur auroit eſté octroyé. Signification

gnification de ladite Requeste, du vingt-
quatriefme Mars dernier : Conclufions
du Procureur general, & tout confideré:
L a C o v r, fans auoir efgard aux oppofitions defdits Maire, Pairs & Commune de
la ville de Beauuais, Iacques Douzy, les
fix vingts Chewaucheurs de l'Efcurie, les
francs Sergens de l'Eglife de Paris, Iean
Cahiet : A ordonné & ordonne, Que lefdites lettres feront leuës, publiées & regiftrées en icelle, pour eftre executées aux
charges qui enfuiuent : Afçauoir, *Sur le
premier article* : que les annobliffemens
accordez vingt ans auant l'Edict du mois
de Ianuier mil cinq cens quatre - vingts
dix - huict ; Et depuis iceluy iufques à prefent, moyennant finance feulement, feront de nul effect : Et pour les annobliffemens accordez par l'Edict du mois de
May mil fix cens vingt-huict, en faueur
des affociez de la nouuelle France, apres
qu'il aura efté deliberé par la Cour, y
fera fait droict, ainfi que de raifon : Et
cependant lefdits Annoblis ne iouyront
d'aucuns priuileges : Et que les Villes &
Communautez qui font en poffeffion im-
memoriale de ne payer Taille, n'y pour-

ront eſtre impoſées ; Et pour celles qui ont obtenu lettres d'affranchiſſement, exemptions, ou abonnement, en iouy-ront l'année preſente, ſans qu'elles en puiſſent iouyr à l'aduenir, ſinon apres que les lettres de confirmation deſdits priuileges auront eſté bien & deuëment verifiées en la Cour. *Sur les huict & neufieſ-me*, Sa Maieſté ſera tres-humblement ſup-pliée de regler par lettres de Declaration expreſſe le nombre des Officiers mention-nez auſdits articles, dont les Eſtats ſe doi-uent apporter à la Cour, leſquels ſe-rót tenus de faire apporter en ladite Cour. les nouueaux Eſtats auant la confection des roolles des Tailles de la preſente an-née, autrement leſdits Officiers ſeront impoſez auſdites Tailles pour ladite an-née preſente, comme les autres contri-buables : Et quant aux autres Officiers. mentionnez auſdits articles, ils iouyront de l'exemption, ainſi qu'ils en ont cy-de-uant bien & deuëment iouy. *Sur le qua-torze & dix-neufieſme*, Que les Greffiers & Maiſtres Clercs, Subſtituts des Procu-reurs Generaux, & autres Officiers des Cours ſouueraines iouyront de l'exemption, ainſi qu'ils en ont cy-deuant bien & deuëment iouy : Et que les Officiers creez en vertu d'Edicts non verifiez en la Cour , ne iouyront d'aucune exemption. *Sur le ſeiziefme article* : Que les Eſtats des Compagnies de Gendarmes & Cheuaux legers du Roy ſeront enuoyez en la Cour. *Que le dix-ſeptiefme article aura lieu*, A la charge que contre les Arreſts de la Cour portans enregiſtremens des lettres de Veteran , on ne ſe pourra pouruoir autrement , que par les voyes de droict. *Sur le dix-huictiefme* : Que les Commiſſaires des guerres ne iouyront d'aucune exemption, ſinon pendant les années qu'ils ſeront employez & rendront ſeruice actuel. *Sur le vingt-vniefme*, Que les vefues des Preſidens, Cóſeillers , Aduocats & Procureurs Generaux, Greffiers, Subſtituts & autres Officiers des Cours ſouueraines, iouïront de l'exemption ainſi que cy-deuant en a eſté bien & deuëment iouïy. Et quant aux veufues des autres Officiers de Iuſtice & Finance qui auront ſeruy l'eſpace de dix ans, & ſeront decedez en poſſeſſion deſdits Offices , jouyront auſſi de ladite exemption. *Sur le vingt-deuxiefme*, que les Officiers des Compagnies Souueraines, Bureaux des Finances, Ellections & Prefidens des Greniers à fel : Ne feront comptez entre les priuilegiez dont le nombre pour la demeure & parroiffes taillables eft reftraint & limité par ledit Article. *Sur le vingt-troifiefme*, Ayant efgard à l'oppofition des Preuoft des Marchands & Efcheuins de la ville de Paris, & des Arbaleftriers, Archers, & Harquebuziers deladite ville, qu'il aura lieu feulement pour les Tailles, & non pour les Aydes. *Sur le vingt-neufiefme*, Que les Officiers nouuellement pourueuz feront tenus de faire fignifier leurs prouifions aux habitans de la parroiffe de ceux, par la demiffion defquels ils auront efté pourueuz, auant que pouuoir eftre employez dans les Eftats qui feront au Greffe de la Cour. *Sur le trente-deuxiefme*, Les Ecclefiaftiques iouyront feulement des priuileges & exemptions à eux accordées par les Ordonnances, Edits & Reglemens bien & deuëment verifiez par la Cour. *Sur le trente-quatriefme*, Que la Taille fera payée par les fermiers en la parroiffe de la fituation du principal manoïr de chacune ferme. *Sur le trente-neuf-iefme*, Que ceux qui feront efleuz Affeeurs, & Collecteurs des Tailles, ne pourront demander leur defcharge finon dans la quinzaine du iour de la fignification à eux faite de leur election, autrement & ledit temps paffé n'y feront plus receus : Laquelle defcharge ne fe pourra faire ny ordonner finon auec le Procureur Scyndic & les habitans de la parroiffe, ou eux bien & deuëment appellez à iour de Dimanche ou Fefte, iffuë de grande Meffe, ou Vefpres en la maniere accouftumée; & fommairement à l'audiance, fans appoincter les parties à produire. *Sur les quarante-deux & quarante-troifiefme Articles,* Que les Efleuz n'affifteront au departement des Tailles des parroiffes où ils auront des domaines, fermes & heritages , & n'y pourront faire leurs cheuauchées. *Sur les quarante-quatre & quarante cinquiefme,* Qu'ils auront lieu, fans tirer à confequence pour les années fuiuantes. *Sur les quarante-fix , quarante-huict, quarante neuf, & cinquante-vniefme,* Que ceux qui fe pretendront exempts des Tailles ou furtaxez , ne feront receuz à former leurs oppofitions en furtaux

ou autrement, sinon dans vn mois du iour
du payement par eux fait du premier quartier de leur taxe ou de la sommation qui
leur aura esté faicte de le payer en parlant
à leur personne ou domicille : Et que les
Esleuz ne iugeront d'aucune matiere en
en dernier ressort : Et pour le surplus du
contenu ausdits Articles, ordonne ladite
Cour que tres-humbles remonstrances
seront faites au Roy sur la consequence
d'iceux. *Sur le cinquante-quatriesme*, QVE
les Receueurs des Tailles , Taillon &
droicts alienez sur icelles, bailleront aux
Collecteurs vn billet portant acquit de
chacun payement qui leur sera faict par
lesdicts Collecteurs , sans toutesfois
exiger d'eux aucun droict de quittance
pour lesdicts billets à peine de concussion. *Sur le cinquante-cinquiesme* , Qu'il
sera informé par les Esleuz en faisant
leurs cheuauchées , des contrauentions
si aucunes sont faictes au contenu audit
Article : Et seront tenus lesdits Receueurs
des Tailles , Taillon & droicts alienez,
en receuant des Collecteurs le paiement
des sallaires des Huissiers & Sergens par
eux employez pour l'execution de leurs

contraintes , de rendre aufdits Colle-
&cteurs les exploicts auec quittance defdits
fallaires au dos d'iceux. *Sur le foixante-
deuxiefme* , Qu'il aura lieu , & les habitans
demeurans en Bretagne qui y payent les
droicts de fouage , payeront la Taille aux
parroiffes des Eflections de ce reffort
pour les heritages qu'ils y poffedent , fi
mieux ils n'ayment les bailler à ferme à
perfonnes y payans Tailles. *Sur le foixante-
cinquiefme* , Qu'il aura lieu , à la charge que
les commiffions feront regiftrees en la
Cour , & que les appellations fi aucunes
font interiettées des iugemens defdits
Commiffaires rendus entre les habitans demeurans dans le reffort de
ladicte Cour , feront releuées & iu-
gées en icelle. Et au furplus ordonne ladite Cour , que les anciennes
Ordonnances & Edicts , mefmes ceux
du mois de Ianuier mil cinq cens
quatre - vingts dix-huict , du mois de
Mars mil fix cens ; & du mois de Iuin mil
fix cens quatorze', fuiuant les Arrefts de
verification d'iceux , feront executez felon leur forme & teneur , & ce qui ne fe
trouuera contraire au prefent Edict & re-

glement, & present Arrest de verification
d'iceluy, le tout neantmoins par proui-
fion, & que coppies collationnées defdites lettres par le Greffier de la Cour, enfemble du present Arreft, feront enuoyées
en tous les Sieges des Eflections de ce
reffort, pour y eftre pareillement publiees
& regiftrées, & le contenu en iceux gar-
dé & obferué, à la diligence des Subftituts dudit Procureur general du Roy,
aufquels la Cour enioinct ce faire, & de la
certifier de leurs diligences au mois.
FAICT à Paris en la Cour des Aydes, le
huictiefme iour d'Auril mil fix cens trente quatre. Signé   BOVCHER.

EXTRAICT DES REGI-
ftres du Confeil d'Eftat.

LE Roy ayant par fes Lettres
de Declaration du mois de
Ianuier dernier, reglé l'or-
dre qu'il veut eftre obferué, pour les
Impofitions & Leuées de deniers de

fes

ses Tailles ; les personnes qui doiuent jouyr de l'exemption d'icelles, & ordonné que sesdites Lettres seroient enuoyées en les Cours des Aydes de Roüen, Clermont - Ferrand, & Agen, pour y estre registrées : Et d'autant que l'Imposition desdites Tailles est pressee, & que les affaires de sa Majesté receuroient vn grand prejudice, si ladite Imposition estoit remise apres l'enregistrement desdites Lettres esdites Cours des Aydes : Et voulant sa Majesté que ses subiects ressentent dés cette année le soulagement qu'elle leur a faict esperer de l'execution de ladite Declaration : S A M A I E S-

TE' EN SON CONSEIL, a ordonné & ordonne aux Presidens, Thresoriers de France, & Generaux de ses Finances, des Generalitez du ressort desdites Cours des Aydes, Officiers des Ellections qui en dependent, & autres qu'il appartiendra, De faire incessamment proceder à l'imposition desdites Tailles, & executer lesdites Lettres de Declaration, A peine d'en respondre en leurs propres & priuez noms : Nonobstant qu'elles n'ayent encor esté registrées esdites Cours des Aydes, ausquelles sa Majesté enjoint d'y proceder le plustost que faire se pourra. FAICT au Conseil d'Estat du Roy tenu à

Paris, le vingt-troisiefme iour
de Mars, mil six cens trente-
quatre.

Signé, CORNVEL.

Collationné aux Originaux, par moy Conseiller,
& Secretaire du Roy & de ses Finances,

PRIVILEGE DV ROY.

LOVIS PAR LA GRACE DE DIEV Roy DE FRANCE ET DE NAVARRE, A nos amez & feaux Conseillers les Gens tenans nos Cours de Parlement de Paris, Roüen, Thoulouze, Bordeaux, Dijon, Grenoble, Aix, Rennes, & Mets; Baillifs, Seneschaux, & Preuosts desdits lieux, ou leurs Lieutenans, & a tous nos autres Iusticiers & Officiers qu'il appartiendra, Salut. Afin que nostre Edict sur le Reiglement general des Tailles à la descharge de nos subiects, conformémét à nostre Declaration du mois de Ianuier dernier puisse plus commodément & sans qu'il y soit rien obmis, venir a la cognoissance de tous nosdits sub iects: Nous auons commandé a Pierre Blaise, Iuré Libraire en nostre Vniuersité de Paris, Antoine Estiene, nostre Imprimeur ordinaire, & Pierre Rocolet, Imprimeur & Libraire ordinaire de l'Hostel de nostre-dite ville de Paris, d'imprimer vn fort bon nombre de copies dudit Edit, & icelles ennoyer pour estre venduës, debitées, & distribuées par toutes nos Prouinces, pays & terres de nostre obeyssance: Mais d'autant qu'ils craignent qu'apres auoir, suiuant nostre commandement, aduancé plusieurs frais necessaires pour l'impression, port, & distribution generale desdites copies, quelques Libraires ou Imprimeurs, mesmes ceux prenans qualité de nos Libraires & Imprimeurs ordinaires de seurs ans és autres villes de ce Royaume, s'ingerent d'imprimer semblablemét ledit Edit, & voulussent le contrefaire, ce qui leur tourneroit à grande perte & dommage. Ils nous ont tres humblemeut requis les pouruoir de nos Lettres sur ce necessaires. A CES CAVSES, desirant fauorablement traitter lesdits Blaise, Estiene, & Rocolet, à ce qu'ils puissent retirer les frais & despences qu'il leur conuient aduancer pour

ſdites impreſſions, ports, & diſtributions, qu'ils n'au-
ſoient entrepris ſans noſtre expres cõmandemẽt Novs
de noſtre grace ſpeciale, pleine puiſſance, & authorité
Royale, Voulons que pendant le temps & eſpace de ſix
ans, à compter de la datte des preſentes, il ſoit à eux
ſeuls permis, comme nous leur permettõs par ces preſentes, d'imprimer ou faire imprimer, porter, vendre &
diſtribuer par tout noſtre Royaume le ſuſdit Edit, &
ce en telle marge, caractere & quantité que bon leur
ſemblera. Faiſant tres-expreſſesinhibitions & deffences
à tous Libraires & Imprimeurs: meſmes à tous nos autres Libraires & Imprimeurs ordinaires en telle ville,
Vniuerſité ou Parlemẽ de ce Royaume qu'ils ſoient de-
meurants, d'imprimer pendant ledit temps, ſans le cõ-
ſentemẽt deſdits Blaſe, Eſtiene & Rocolet, le ſuſdit Edit,
en vẽdre ne diſtribuer aucunes copies, que de celles que
leſdits ſuppliants auront fait imprimer. A peine aux
contreuenants de trois mil liures d'amende, confiſca-
tion de tous les exemplaires, deſpens dommages &
intereſts; Et ce nonobſtant quelconques Lettres, Ordonnances, Priuileges & Extraicts, qu'ils puiſſent auoir
au contraire. Auſquels pour bonnes conſiderations
auons à l'eſgard de l'impreſſion dudit Edict ſeulement
deſrogé & deſrogeons par ceſdites preſentes: Si vous
mandons & à chacun de vous commettons chacun en
droict ſoy, ſi comme à luy appartiendra, que de noſtre
preſent Priuilege, & du contenu en iceluy, vous faſſiez
& ſouffriez leſdits Blaiſe, Eſtienne, Rocolet, ou les
ayants charge d'eux iouyr & vſer plainement & paiſi-
blement, & à ce faire ſouffrir & obeyr, contraignãt tous
ceux, qui pour ce faire ſeront à contraindre par toutes
voyes deües & raiſonnables: MANDONS au premier
Huiſſier, ou Sergent ſur ce requis, de faire pour l'execution des preſentes, tous actes, exploits, & ſaiſies neceſſaires, ſans pource demander aucun placet, viſa, ne
pareatis, & nonobſtant oppoſitions ou appellations
queſconques, clameur de haro, Chartre Normande, pri-
ſe à partie, ne autres choſes à ce contraires. Voulant que

sur coppies deuëm. collationées par l'vn de nos [...]
& feaux Conseillers & Secretaires, foy soit adioust[ée]
comme sur leur original, & qu'en mettant à la fin d[es]
coppies dudit Edit, Coppies des presentes, ou bien [ex]
trait d'icelles elles soient tenuës pour bien & deueme[nt]
signifiées à qu. il appartiendra, comme si expressem[ent]
& particulierement luy auoit esté signifié. Car tel e[st]
nostre plaisir. Donné à Paris le 21. iour de Mars, l'an [de]
grace 1634. Et de nostre Regne le vingt-quatriesme.

Par le Roy en son Conseil.

CHAPPELAIN.

Et scellé du grand sceau de cire iaune.